ABOUT

This workbook includes 35 Spanish dialogues divided into two sections: conversations with friends and transactional service exchanges. Every dialogue comes with 8 self-study prompts to guide you to get the most out of the vocabulary, phrases and grammar within each dialogue. This book is aimed at students who have already studied the basics in Spanish. The goal of this book is for you to study the language in a natural, contextual way. The dialogues are written in everyday spoken Spanish and feature high frequency vocabulary.

 CONTENTS

	PART ONE: Conversations with friends	
1	**Bienvenida** Welcome	p.4
2	**La reunión** Meeting with friends	p.6
3	**Una parrillada** A barbecue	p.8
4	**Día en la playa** Beach day	p.10
5	**Senderismo** Hiking	p.12
6	**Noche de karaoke** Karaoke night	p.14
7	**Una receta** A recipe	p.16
8	**Fallas de Valencia** Valencia's Fallas	p.18
9	**Un crucero** A cruise	p.20
10	**Encontrar trabajo** Finding a job	p.22
12	**Un encuentro** An encounter	p.24
13	**Mascotas** Pets	p.26
13	**Para el colegio** For school	p.28
14	**Plomería** Plumbing	p.30
15	**Opinión política** Political opinion	p.32
16	**Literatura latam** Latin American literature	p.34
17	**En el teatro** At the theater	p.36

CONTENTS

	PART TWO: Services	
18	**El desayuno** Breakfast	p.38
19	**Noche de tapas** Tapas night	p.40
20	**Pedir una pizza** Ordering a pizza	p.42
21	**Alquilar un piso** Rent a flat	p.44
22	**Internet en casa** Internet at home	p.46
23	**Comprar un coche** Buying a car	p.48
24	**En el gimnasio** At the gym	p.50
25	**La entrenadora** Personal trainer	p.52
26	**De compras** Shopping	p.54
27	**En el hospital** At the hospital	p.56
28	**En la farmacia** At the pharmacy	p.58
29	**En Correos** At the post office	p.60
30	**En el cine** At the cinema	p.62
31	**Visita a Madrid** Visit to Madrid	p.64
32	**Reservar una habitación** Booking a room	p.66
33	**Viaje en metro** Trip on the underground	p.68
34	**Pedir direcciones** Ask for directions	p.70
35	**En el aeropuerto** At the airport	p.72

¡BIENVENIDA!

Hola, ¿qué tal? Mi nombre es Eva. Encantada.

Hola, Eva. Yo soy Manuel, encantado. ¿De dónde eres?

Soy de Inglaterra, me acabo de mudar a Valencia. ¿Y tú de dónde eres?

¡Genial! Pues yo soy de Madrid, pero tengo un par de años trabajando en Valencia.

¿A qué te dedicas?

Soy ingeniero informático. La compañía para la que trabajo tiene sede en la ciudad y quería estar cerca de la playa. ¿Y tú porque has venido a Valencia?

Pues prácticamente por el mismo motivo, quería un clima más cálido. ¡Estoy muy emocionada de estar aquí!

¡Bienvenida a Valencia entonces!

¡Muchas gracias!

VERBO:
<u>Ser/Estar</u> *To be*
'Soy Manuel' - I'm Manuel
Estoy muy emocionada - I'm very excited

PALABRAS

pues: so/well/then
sede: office
cerca de: close to
mismo: same
emocionada: excited
entonces: so

FRASES

'Me acabo de mudar'
I have just moved

'Tengo un par de años trabajando en Valencia'
I've been working in Valencia for a couple years

'¿A qué te dedicas?'
What do you do for work?

PRÁCTICA

- Lee el diálogo en voz alta 3–5 veces
- Subraya los verbos del diálogo y escribe sus significados
- Elige hasta 5 palabras nuevas del diálogo y busca sus significados
- Traduce: so, nice to meet you, years, company, city, beach, excited, welcome
- Usa las palabras indicadas para escribir frases simples
- Repite las frases indicadas 3–5 veces e intenta escribirlas sin verlas
- Conjuga los verbos 'ser' y 'estar' en el presente, pasado y futuro
- Resume el diálogo en 2 frases. Empieza con 'El diálogo se trata de...'

 # LA REUNIÓN

Hola a todos, bienvenidos al grupo. Quiero organizar algo para este fin de semana.

Pues a Pedro y a mí se nos da mejor el viernes. ¿Qué te parece?

Vale, el viernes entonces. Podemos ir a cenar o simplemente a tomar algo.

Podemos encontrarnos por una cerveza primero y después podemos buscar donde cenar.

Excelente. ¿A las 7 en el bar os viene bien?

Pedro y Juliana te ven a esa hora. Yo termino de trabajar a las 8 así que te veré más tarde.

Venga, hasta el viernes.

Gracias por organizar la reunión, ¡nos vemos pronto!

PALABRAS

algo: something
cerveza: beer
así que: so that
primero: first
más tarde: later

FRASES

'Se nos da mejor'
It works out better for us.

¿Qué te parece?
What do you think?

'Gracias por organizar'
Thank you for organising. When thanking somebody for doing something, use por

VERBO:
Organizar To organise
'Quiero organizar algo' - I want to organise something

PRÁCTICA

- Lee el diálogo en voz alta 3-5 veces
- Subraya los verbos del diálogo y escribe sus significados
- Elige hasta 5 palabras nuevas del diálogo y busca sus significados
- Traduce: group, better, Friday, something, beer, first, later, soon
- Usa las palabras indicadas para escribir frases simples
- Repite las frases indicadas 3-5 veces e intenta escribirlas sin verlas
- Conjuga el verbo 'organizar' en el presente, pasado y futuro
- Resume el diálogo en 2 frases. Empieza con 'El diálogo se trata de...'

 # UNA PARRILLADA

- **Hola,** bienvenidos. Adelante por favor, entren.
- ¡**Qué** chulo tu piso! El salón es enorme.
- **Gracias.** Vengan que les muestro la terraza. Vamos a comer afuera.
- **Excelente** idea de hacer una parrillada aquí. El clima está perfecto además.
- **Voy** a montar la carne a la plancha. Hice también unos pinchos de verduras y patatas asadas para los que no comen carne.
- **Perfecto,** Carmen es vegetariana. ¿Te ayudo en algo?
- **Si** quieres puedes poner algo de música, los altavoces están sobre la mesa.
- **Ya** me encargo. Voy a buscar vasos también para servir las bebidas.
- **Muy** bien. La cocina la tienes a mano derecha, al final del pasillo.

VERBO:
Comer To eat
'**Vamos a comer**' - We're going to eat

PALABRAS
parrillada: bbq
salón: lounge
terraza: terrace
afuera: outside
a la plancha: grilled
altavoces: speakers
vasos: glasses

FRASES

'¡Qué chulo tu piso!'
Your flat is so cool

'¿Te ayudo en algo?'
Can I help you with anything?

'Ya me encargo'
I'll take care of it

PRÁCTICA

- Lee el diálogo en voz alta 3-5 veces
- Subraya los verbos del diálogo y escribe sus significados
- Elige hasta 5 palabras nuevas del diálogo y busca sus significados
- Traduce: lounge, enormous, terrace, outside, weather, vegetables, roasted, speakers, table, drinks
- Usa las palabras indicadas para escribir frases simples
- Repite las frases indicadas 3-5 veces e intenta escribirlas sin verlas
- Conjuga el verbo 'comer' en el presente, pasado y futuro
- Resume el diálogo en 2 frases. Empieza con 'El diálogo se trata de...'

DÍA EN LA PLAYA

- ¿**Has** visto? ¡Harán 28 grados la semana que viene!
- ¡**Lo** sé! Finalmente empieza el calor.
- **Tenemos** que ir a la playa, ¿el sábado quizá?
- **Estoy** de acuerdo, antes que empiece la temporada alta mejor.
- **Entonces** pongo la alarma temprano, preparo el bañador, la toalla, protector solar y... ¿qué más?
- **Pues** yo llevaré una sombrilla y unas palas de playa para jugar un rato.
- ¡**Qué** emoción tía! A relajarse en la arena y tomar sol.
- ¿**Quedamos** a las 9 cerca del chiringuito?
- **Perfecto**, hasta el sábado.

PALABRAS

playa: beach
quizá: maybe
temporada alta: high season
temprano: early
bañador: swimsuit
toalla: towel
protector solar: suncream

FRASES

'Finalmente empieza el calor'
Finally it's starting to get hot

'antes que empiece la temporada alta'
Before high season starts

'tomar sol'
Sunbathe

VERBO:
Relajarse To relax
'**A relajarse en la arena**' - To relax on the sand

PRÁCTICA

- Lee el diálogo en voz alta 3–5 veces
- Subraya los verbos del diálogo y escribe sus significados
- Elige hasta 5 palabras nuevas del diálogo y busca sus significados
- Traduce: finally, beach, maybe, high season, swimsuit, towel, sand, beach bar
- Usa las palabras indicadas para escribir frases simples
- Repite las frases indicadas 3–5 veces e intenta escribirlas sin verlas
- Conjuga el verbo 'relajarse' en el presente, pasado y futuro
- Resume el diálogo en 2 frases. Empieza con 'El diálogo se trata de…'

 # SENDERISMO

Hola, ¿qué tal? El fin de semana que viene Juliana y yo vamos a hacer senderismo. ¿Quiéres venir?

Hola, la verdad nunca lo he hecho. ¿Dónde se hace?

Hay varias rutas. De hecho queríamos probar una nueva esta vez, es bastante larga.

¿Qué tan larga es?

Pues hay que cruzar la montaña, lo lindo es que tienes vista a la playa cuando llegas a la cima. Serán unas 4 horas de caminata.

Me gusta la idea, pero me da un poco de miedo también.

Hay que llevar zapatos cómodos, pero verás que vale la pena.

Vale, ¡me animo a venir! Os veo el fin de semana.

PALABRAS

senderismo: hiking
rutas: routes
bastante: quite
vista: view
caminata: walk
cima: top/summit
zapatos: shoes

FRASES

'nunca lo he hecho'
I've never done it

'me da un poco de miedo'
It scares me a bit

'vale la pena'
It's worth it

VERBO: **Cruzar** *To walk across*
'**Hay que cruzar la montaña**' - You have to walk across the mountain

12

PRÁCTICA

- Lee el diálogo en voz alta 3-5 veces
- Subraya los verbos del diálogo y escribe sus significados
- Elige hasta 5 palabras nuevas del diálogo y busca sus significados
- Traduce: hiking, never, routes, new, this time, quite, long, mountain, view, idea, shoes
- Usa las palabras indicadas para escribir frases simples
- Repite las frases indicadas 3-5 veces e intenta escribirlas sin verlas
- Conjuga el verbo 'cruzar' en el presente, pasado y futuro
- Resume el diálogo en 2 frases. Empieza con 'El diálogo se trata de...'

NOCHE DE KARAOKE

¿**Qué** os parece si hacemos algo este sábado?

Yo me apunto. Podríamos probar el nuevo bar.

Vale, ¿dónde es?

Está en el centro, enfrente del mercado artesanal. ¡He visto que tienen karaoke!

Pues cantarás tú, porque yo me avergüenzo.

Ya verás que terminarás cantando tú también.

¡Antes muerta! Pero venga que la pasamos bien igualmente, así yo no cante.

Iré pensando algunas canciones para persuadirte. Y sino, las cantaré yo. Te veo el sábado.

PALABRAS

enfrente: infront
igualmente: all the same
canciones: songs

FRASES

'**¿Qué os parece?**'
What do you all think?

'**yo me avergüenzo**'
I get embarrassed

'**¡Antes muerta!**'
I'd rather die

VERBO:

Cantar to sing
'**Cantarás tú**' - You'll sing
'**Terminarás cantando tú**' - You'll end up singing

PRÁCTICA

- Lee el diálogo en voz alta 3-5 veces
- Subraya los verbos del diálogo y escribe sus significados
- Elige hasta 5 palabras nuevas del diálogo y busca sus significados
- Traduce: new, okay, centre, in front of, also, but, songs, if not
- Usa las palabras indicadas para escribir frases simples
- Repite las frases indicadas 3-5 veces e intenta escribirlas sin verlas
- Conjuga el verbo 'cantar' en el presente, pasado y futuro
- Resume el diálogo en 2 frases. Empieza con 'El diálogo se trata de...'

UNA RECETA

> ¡**Me** encanta la tortilla de patatas española! ¿Me enseñarías a hacerla?

> **Claro** Eva, si es muy sencilla. Lo que lleva es dos patatas medianas, 5 huevos y una cebolla.

> **Muy** bien. ¿Y cuáles son los pasos a seguir?

> **Primero** hay que pelar, cortar y cocinar las patatas y la cebolla.

> ¿**Y** los huevos no los cocinas?

> **Todavía** no. Una vez las patatas y la cebolla estén cocidas, se mezclan en un bol con los huevos. Hay que dejarlas enfriar un poco, sino terminas con huevos revueltos más bien.

> **Entendido.** Ese es el paso que no se me ocurrió.

> **Finalmente,** ahora sí hay que cocinar todo en una sartén grande a fuego medio bajo. Mucho cuidado al darle vuelta a la tortilla y ya la tienes.

> **Pues** esta misma noche me animo a preparar una. ¡Muchas gracias!

PALABRAS

sencilla: simple
huevos: eggs
cebolla: onion
pasos: steps
sartén: frying pan

FRASES

'Hay que dejarlas enfriar un poco'
You have to let them cool down for a bit

'no se me ocurrió'
I didn't think about that

'Mucho cuidado al darle vuelta'
Be very careful as you flip it

VERBO: **Cocinar** to cook
'¿Y los huevos no los cocinas?' - Don't you cook the eggs?

PRÁCTICA

- Lee el diálogo en voz alta 3–5 veces
- Subraya los verbos del diálogo y escribe sus significados
- Elige hasta 5 palabras nuevas del diálogo y busca sus significados
- Traduce: simple, potatoes, medium, eggs, onion, steps, peel, cut, finally, frying pan
- Usa las palabras indicadas para escribir frases simples
- Repite las frases indicadas 3–5 veces e intenta escribirlas sin verlas
- Conjuga el verbo 'cocinar' en el presente, pasado y futuro
- Resume el diálogo en 2 frases. Empieza con 'El diálogo se trata de...'

 # FALLAS DE VALENCIA

> ¿Qué tal, Marina? Estamos planeando un pequeño viaje en coche la semana que viene a Valencia, por la fiesta de Fallas. ¿Quiéres venir?

> ¿Fiesta de Fallas? Nunca la he escuchado.

> Es una de las fiestas más grandes de España, la hacen todos los años a mediados de marzo. Es muy particular.

> ¿Qué es lo particular de la fiesta?

> Más allá del origen e historia de Las Fallas de Valencia, es la cremación de los llamados ninots.

> ¿Cremación? ¿De verdad queman las esculturas?

> ¡Exactamente! Las esculturas generalmente representan algún hecho o escena satírica de algún evento actual y la cremación es una forma de purificar la sociedad de dicho evento.

> Vaya que interesante en verdad. ¡Pues claro qué quiero venir!

VERBO:
Planear to plan
'Estamos planeando' - We're planning

PALABRAS
pequeño viaje: short trip
particular: interesting/special
cremación: burning
escena satírica: ironic/sarcastic

FRASES

'Nunca lo/la he escuchado'
I've never heard of it

'¿De verdad?'
Really?

'¡Pues claro qué quiero venir!'
Well of course I want to come

PRÁCTICA

- Lee el diálogo en voz alta 3-5 veces
- Subraya los verbos del diálogo y escribe sus significados
- Elige hasta 5 palabras nuevas del diálogo y busca sus significados
- Traduce: short trip, party, never, mid March, history, burning, really, sculptures, event, society
- Usa las palabras indicadas para escribir frases simples
- Repite las frases indicadas 3-5 veces e intenta escribirlas sin verlas
- Conjuga el verbo 'planear' en el presente, pasado y futuro
- Resume el diálogo en 2 frases. Empieza con 'El diálogo se trata de...'

 # UN CRUCERO

Oye Eva, ¿qué planes tienes para el verano?

Pues una semana me voy a Inglaterra a visitar a mi familia, pero el resto del verano lo tengo libre.

¿Te gustaría venir con nosotros a Ibiza en crucero? Estamos planeando el viaje para inicios de agosto.

Eso suena genial. ¿Qué actividades hay en el crucero?

Hay un montón de cosas que hacer en el crucero, como fiestas en la piscina, espectáculos en vivo y deportes acuáticos. Y por supuesto, ¡visitaremos algunos de los lugares más hermosos de Ibiza!

Definitivamente quiero hacer eso. Gracias Juan, ¡estoy emocionada de ir a Ibiza con vosotros!

VERBO:
Visitar to visit
'visitaremos' - We will visit
'voy a visitar a mi familia' - I'm going to visit my family

PALABRAS

crucero: cruise
montón: a lot
espectáculos: shows
en vivo: live
deportes acuáticos: water sports

FRASES

'¿qué planes tienes para el verano?'
What are your plans for summer?

'Eso suena genial'
That sounds great

'¡estoy emocionada de ir a Ibiza con vosotros!'
I'm excited to go to Ibiza with you all

PRÁCTICA

- Lee el diálogo en voz alta 3–5 veces
- Subraya los verbos del diálogo y escribe sus significados
- Elige hasta 5 palabras nuevas del diálogo y busca sus significados
- Traduce: plans, summer, family, rest, free, cruise, trip, start, activities, live, water sports
- Usa las palabras indicadas para escribir frases simples
- Repite las frases indicadas 3–5 veces e intenta escribirlas sin verlas
- Conjuga el verbo 'visitar' en el presente
- Resume el diálogo en 2 frases. Empieza con 'El diálogo se trata de…'

ENCONTRAR TRABAJO

- ¡Qué gusto verte María! ¿Qué tal te ha ido con la búsqueda de trabajo?
- **Hola.** ¡Finalmente encontré algo! Fue gracias a la agencia de reclutamiento que me recomendaste.
- **¡Enhorabuena!** ¿Y de qué es el trabajo?
- **Trabajo** en una biblioteca. Organizando libros principalmente y ayudando a los usuarios.
- **Que** genial, me alegro mucho. ¿Trabajas todos los días?
- **Es** de lunes a viernes y cada dos semanas me toca un turno el sábado, pero sólo por la mañana.
- **¿Y** estás contenta con el salario?
- **No** me puedo quejar. Cubro mis gastos y ahorro un poco también.
- **Pues** me alegro mucho, María. Te veo luego.
- **Venga,** adios.

PALABRAS
trabajo: job/work
búsqueda: search
enhorabuena: congratulations
gastos: bills

FRASES

'¡Qué gusto verte María!'
How nice to see you Maria

'cada dos semanas me toca un turno el sábado'
Every two weeks, I have a shift on Saturday

'No me puedo quejar'
I can't complain

VERBO: **Trabajar** to work
'¿Trabajas todos los días?' - Do you work every day?

22

PRÁCTICA

- Lee el diálogo en voz alta 3-5 veces
- Subraya los verbos del diálogo y escribe sus significados
- Elige hasta 5 palabras nuevas del diálogo y busca sus significados
- Traduce: search, job, recruitment, library, books, shift, salary
- Usa las palabras indicadas para escribir frases simples
- Repite las frases indicadas 3-5 veces e intenta escribirlas sin verlas
- Conjuga el verbo 'trabajar' en el presente, pasado y futuro
- Resume el diálogo en 2 frases. Empieza con 'El diálogo se trata de...'

UN ENCUENTRO

¿Esmeralda? Casi no te reconozco, ¿cómo estás?

¡Carlos! ¡Tanto tiempo! Que casualidad encontrarte en el supermercado.

¿Cómo has estado estos años? Pensé que estabas viviendo fuera del país.

Sí, estuve en Escocia un par de años y otros tres en Suiza. Tú también te habías ido, ¿cierto?

Correcto. Terminé el último año de universidad en Francia, pero no me he vuelto a ir desde que volví.

¿Has estado en contacto con el grupo de la uni?

Estuvimos en contacto por un tiempo, pero ahora sólo hablo seguido con Marcos.

Ya... que buenos recuerdos aquellos.

En verdad que sí, que bueno haberte visto.

VERBO: **Encontrar** to find/to meet
'**Que casualidad encontrarte**' - How random meeting you here

PALABRAS
país: country
Escocia: Scotland
Suiza: Switzerland
Francia: France
recuerdos: memories

FRASES

'**Casi no te reconozco**'
I almost didn't recognise you

'**¡Tanto tiempo!**'
It's been so long!

'**Estuvimos en contacto por un tiempo**'
We were in touch for a while

PRÁCTICA

- Lee el diálogo en voz alta 3–5 veces
- Subraya los verbos del diálogo y escribe sus significados
- Elige hasta 5 palabras nuevas del diálogo y busca sus significados
- Traduce: random, supermarket, outside the country, last, France, contact, memories
- Usa las palabras indicadas para escribir frases simples
- Repite las frases indicadas 3–5 veces e intenta escribirlas sin verlas
- Conjuga el verbo 'encontrar' en el presente, pasado y futuro
- Resume el diálogo en 2 frases. Empieza con 'El diálogo se trata de...'

 # MASCOTAS

- **Oye** que chulos tus perros. ¿Cómo se llaman?

- **Hola,** gracias. El negro es Tony y el marrón se llama Vito. ¿Tienes alguna mascota?

- **Tengo** una gata, Nikki. Aunque a ella no le gusta salir de casa.

- **¿Pero** tú si vienes seguido al parque?

- **Sí,** vengo a correr todas las mañanas. ¿Y tú?

- **Me** acabo de mudar al barrio, pero con estos dos perros enormes me tocará venir al parque seguido.

- **Bienvenido** al barrio. Seguro que os veré a los tres de nuevo.

- **Muchas** gracias vecina, hasta luego.

VERBO: **Correr** to run
'**Vengo a correr**' - I come to run

PALABRAS

mascota: pet
gata: cat (female)
barrio: neighbourhood
enorme: enormous
vecina: neighbour

FRASES

'**no le gusta salir de casa**'
He/she doesn't like leaving the house

'**me tocará venir al parque seguido**'
I'll have to come to the park often

'**Seguro que os veré a los tres de nuevo.**'
I'm sure I'll see the three of you again

PRÁCTICA

- Lee el diálogo en voz alta 3-5 veces
- Subraya los verbos del diálogo y escribe sus significados
- Elige hasta 5 palabras nuevas del diálogo y busca sus significados
- Traduce: dogs, black, brown, pet, house, park, mornings, neighbourhood, again, neighbour
- Usa las palabras indicadas para escribir frases simples
- Repite las frases indicadas 3-5 veces e intenta escribirlas sin verlas
- Conjuga el verbo 'correr' en el presente, pasado y futuro
- Resume el diálogo en 2 frases. Empieza con 'El diálogo se trata de...'

PARA EL COLEGIO

Mamá, necesito llevar un diccionario al colegio mañana.

Muy bien hija, le envío un mensaje a tu padre para que pase por la librería de regreso a casa. ¿Algo más que necesites?

Ahora que lo pienso, necesito un cuaderno nuevo porque el que tengo está por acabarse.

¿Qué tipo de cuaderno es?

Uno cuadriculado, porque es el de Matemáticas.

Perfecto, ya le aviso que necesitas esas dos cosas para cuando pase por la librería.

Muchas gracias, mamá. Ahora voy a casa de Roberto a estudiar para la prueba, nos vemos más tarde.

Muy bien, nos vemos en la noche. Envíale mis saludos a la mamá de Roberto.

PALABRAS

diccionario: dictionary
librería: bookshop
cuaderno: exercise book
cuadriculado: gridded

FRASES

'**Ahora que lo pienso**'
Now that I think of it

'**está por acabarse**'
Is about to finish

'**ya le aviso**'
I'll let him know now

VERBO:
Estudiar to study
'**Voy a casa de Roberto a estudiar**' - I'm going to Roberto's house to study

PRÁCTICA

- Lee el diálogo en voz alta 3–5 veces
- Subraya los verbos del diálogo y escribe sus significados
- Elige hasta 5 palabras nuevas del diálogo y busca sus significados
- Traduce: dictionary, school, tomorrow, daughter, message, bookshop, exercise book, maths, night
- Usa las palabras indicadas para escribir frases simples
- Repite las frases indicadas 3–5 veces e intenta escribirlas sin verlas
- Conjuga el verbo 'estudiar' en el presente, pasado y futuro
- Resume el diálogo en 2 frases. Empieza con 'El diálogo se trata de...'

29

PLOMERÍA

> **Buenos** días, vecino. Perdona la molestia, pero necesito decirte algo.

> **Buenos** días Miguel, por favor pasa. Dime, ¿cuál es el problema?

> **Tengo** un problema de humedad en mi piso, en el techo. Creo que viene de las cañerías de tu cocina, ¿podrá ser?

> **¡Pero** qué mal! Ayer vino el plomero a hacer unas reparaciones. Se ve que algo más sigue roto. Déjame que lo llamo enseguida para que pase a revisar.

> **Muchas** gracias, vecino.

> **Apenas** tenga respuesta del plomero, te aviso. Perdona las molestias.

> **No** es molestia, son cosas que pasan. Muchas gracias por hacerte cargo.

PALABRAS

humedad: humidity
techo: roof
cañerías: pipes
plomero: plumber
reparaciones: repairs
roto: broken

FRASES

'Perdona la molestia'
Sorry for disturbing

'¿Podrá ser?'
Could it be?

'¡Pero qué mal!'
How bad

VERBO: <u>Revisar</u> to check
'**para que pase a revisar**' - So that he comes to check

PRÁCTICA

- Lee el diálogo en voz alta 3–5 veces
- Subraya los verbos del diálogo y escribe sus significados
- Elige hasta 5 palabras nuevas del diálogo y busca sus significados
- Traduce: disturbance, humidity, roof, pipes, kitchen, plumber, repairs, right away, as soon as, things
- Usa las palabras indicadas para escribir frases simples
- Repite las frases indicadas 3–5 veces e intenta escribirlas sin verlas
- Conjuga el verbo 'revisar' en el presente, pasado y futuro
- Resume el diálogo en 2 frases. Empieza con 'El diálogo se trata de...'

31

OPINIÓN POLÍTICA

¿Qué piensas de las elecciones presidenciales?

Creo que hay demasiados candidatos y es difícil elegir a uno.

Sí, es verdad. Pero ¿tienes alguna preferencia por algún partido político en particular?

No realmente, estoy más interesado en sus propuestas y en lo que pueden hacer por el país.

Comprendo. ¿Qué opinas de la situación económica actual?

Creo que hay muchas desigualdades y problemas que deben ser abordados, pero también veo algunas mejoras en ciertas áreas.

Tu punto de vista es conciso y justo. Estoy de acuerdo.

VERBO:
Pensar to think
'**¿Qué piensas de...?**' - What do you think about?

PALABRAS

elecciones: elections
candidatos: candidates
partido político: political party
desigualdades: inequalities
punto de vista: point of view

FRASES

'**¿tienes alguna preferencia?**'
Do you have any preference?

'**¿Qué opinas de...?**'
What do you think of...?

'**problemas que deben ser abordados**'
Problems that need to be solved

32

PRÁCTICA

- Lee el diálogo en voz alta 3–5 veces
- Subraya los verbos del diálogo y escribe sus significados
- Elige hasta 5 palabras nuevas del diálogo y busca sus significados
- Traduce: elections, candidates, difficult, true, preference, country, situation, inequalities, improvements
- Usa las palabras indicadas para escribir frases simples
- Repite las frases indicadas 3–5 veces e intenta escribirlas sin verlas
- Conjuga el verbo 'pensar' en el presente, pasado y futuro
- Resume el diálogo en 2 frases. Empieza con 'El diálogo se trata de...'

LITERATURA LATAM

¿**Qué** piensas de la literatura latinoamericana?

Me encanta. Hay tantos autores increíbles, pero mi favorito es siempre Gabriel García Márquez.

Definitivamente es uno de los más talentosos de la región. ¿Has leído algo recientemente que te haya gustado?

Sí, leí "La Casa de los Espíritus" de Isabel Allende y me pareció fascinante.

La he escuchado nombrar varias veces y todavía no me animo a leer sus novelas, creo que es hora de que lo haga.

Este domingo voy a la biblioteca a buscar nuevos libros, ¿quieres venir?

¡Sí! Justo acababa de terminar la novela que estaba leyendo.

VERBO:
Leer to read
'**¿Has leído algo recientemente?**' - Have you read anything recently?

PALABRAS

latam: Latin America
literatura: literature
autores: authors
recientemente: recently
novela: novel

FRASES

'**me pareció fascinante**'
It seemed fascinating to me

'**La he escuchado nombrar varias veces**'
I've heard her be mentioned various times

'**Creo que es hora de que lo haga**'
I think it's time I do it

34

PRÁCTICA

- Lee el diálogo en voz alta 3–5 veces
- Subraya los verbos del diálogo y escribe sus significados
- Elige hasta 5 palabras nuevas del diálogo y busca sus significados
- Traduce: literature, Latin American, authors, favourite, recently, novels, books
- Usa las palabras indicadas para escribir frases simples
- Repite las frases indicadas 3–5 veces e intenta escribirlas sin verlas
- Conjuga el verbo 'leer' en el presente, pasado y futuro
- Resume el diálogo en 2 frases. Empieza con 'El diálogo se trata de...'

EN EL TEATRO

Hola Andrés, ¿tienes planes para este viernes?

Todavía no he planeado nada. ¿Tenías algo en mente?

Me regalaron dos entradas para ir al teatro, ¿te gustaría venir conmigo?

Claro, me encantaría. ¿Qué obra de teatro vamos a ver?

Vamos a ver "La Casa de Bernarda Alba" de Federico García Lorca. Es una obra muy famosa.

¡Genial! Me encanta García Lorca. ¿A qué hora es la función?

La función comienza a las 8:00 pm. ¿Por qué no nos encontramos un poco antes para tomar algo antes de la función?

Me parece bien. Vamos a encontrarnos a las 6:30 pm en el bar del teatro. Tienen muy buenos cócteles.

PALABRAS

obra de teatro: play
famosa: famous
cócteles: cocktails
función: show

FRASES

'**¿Tenías algo en mente?**'
Did you have something in mind?

'**me regalaron dos entradas**'
I was gifted two tickets

'**Vamos a encontrarnos a las 6:30**'
Let's meet up at 6.30

VERBO: **Comenzar** *to start/to begin*
'**La función comienza a las 8:00**' - The show starts at 8 o'clock.

36

PRÁCTICA

- Lee el diálogo en voz alta 3–5 veces
- Subraya los verbos del diálogo y escribe sus significados
- Elige hasta 5 palabras nuevas del diálogo y busca sus significados
- Traduce: in mind, tickets, theatre, play, famous, show, before, cocktails
- Usa las palabras indicadas para escribir frases simples
- Repite las frases indicadas 3–5 veces e intenta escribirlas sin verlas
- Conjuga el verbo 'comenzar' en el presente, pasado y futuro
- Resume el diálogo en 2 frases. Empieza con 'El diálogo se trata de...'

EL DESAYUNO

Buenos días, ¿qué te pongo?

Hola, ponme un café con leche por favor.

No hay problema, ¿y de comer?

¿**Bocadillos** de qué tienes?

Tengo de jamón y tomate, tortilla y queso fresco. Tengo también huevos rotos.

Buena idea, me apetecen los huevos rotos.

Vale, ¿algo más?

Sí, ponme también un zumo de naranja con la comida.

¡Perfecto! En seguida vuelvo.

VERBO:
Poner *To put* (used for ordering food in Spain)
'¿Qué te pongo?' - What can I get you?
'Ponme un café' - Can I get a coffee?

PALABRAS

bocadillo: sandwich
también: also

FRASES

'Ponme un café con leche'
Can I get a Latte

'Me apetecen los huevos rotos'
I fancy the *huevos rotos* (a Spanish dish consisting of eggs, ham and fries)

'¿Algo más?'
Anything else?

PRÁCTICA

- Lee el diálogo en voz alta 3-5 veces
- Subraya los verbos del diálogo y escribe sus significados
- Elige hasta 5 palabras nuevas del diálogo y busca sus significados
- Traduce: please, no problem, sandwiches, ham, cheese, eggs, also, food, orange juice
- Usa las palabras indicadas para escribir frases simples
- Repite las frases indicadas 3-5 veces e intenta escribirlas sin verlas
- Conjuga el verbo 'poner' en el presente, pasado y futuro
- Resume el diálogo en 2 frases. Empieza con 'El diálogo se trata de...'

NOCHE DE TAPAS

- ¿Qué tal, qué os pongo?
- **Hola**. Queríamos tomar algo, pero también algo de comer.
- **Pues** hoy es noche de tapas. Por cada dos bebidas, les ponemos una tapita para compartir.
- **Perfecto.** ¿Qué tapas tienes?
- **Estamos** sacando de todo un poco: croquetas, aceitunas, patatas bravas, alitas de pollo, tapas de jamón, de anchoas...
- **Que** rico suena todo. ¿Son picantes las alitas de pollo?
- **La** salsa es un poco picante, te la puedo poner aparte y así la pruebas.
- **¡Fantástico!** Entonces vamos a empezar con dos vinos de la casa, una caña y un agua con gas.
- **Enseguida** os lo traigo.

VERBO:
Tomar to drink/to take
'**Queríamos tomar algo**' - We were looking to drink something

PALABRAS

tapas: an appetizer or snack
aceitunas: olives
alitas de pollo: chicken wings
picante: spicy
caña: beer

FRASES

'**Estamos sacando de todo un poco**'
We are making a little bit of everything

'**Que rico suena todo**'
It all sounds delicious

'**Te la puedo poner aparte**'
I can put it on the side

40

PRÁCTICA

- Lee el diálogo en voz alta 3–5 veces
- Subraya los verbos del diálogo y escribe sus significados
- Elige hasta 5 palabras nuevas del diálogo y busca sus significados
- Traduce: also, today, chicken, spicy, delicious, sauce, sparkling water
- Usa las palabras indicadas para escribir frases simples
- Repite las frases indicadas 3–5 veces e intenta escribirlas sin verlas
- Conjuga el verbo 'tomar' en el presente, pasado y futuro
- Resume el diálogo en 2 frases. Empieza con 'El diálogo se trata de...'

PEDIR UNA PIZZA

- **Hola,** quería hacer un pedido por favor.
- **Claro.** ¿Es para recoger o envío a domicilio?
- **Envío** a domicilio por favor. La dirección es calle Mayor 11, puerta 1C.
- **Entendido.** ¿Qué deseas pedir?
- **Van** a ser tres pizzas en total. Una margarita, una borromea y una cuatro quesos.
- **Vale,** ¿algo más?
- **Una** porción de patatas fritas por favor.
- **Ya** lo tienes. ¿Vas a pagar en efectivo o tarjeta?
- **Con** tarjeta por favor.
- **Muy** bien, le digo al chico que se lleve la máquina para que te cobre. Estará listo en unos 30 minutos.

PALABRAS

dirección: address
patatas fritas: chips/fries
efectivo: cash
listo: ready

FRASES

'Hacer un pedido'
Make an order

'¿Para recoger o envío a domicilio?'
To pick up or for delivery?

'Ya lo tienes'
It's done

VERBO: **Cobrar** to charge
'**para que te cobre**' - To charge you

42

PRÁCTICA

- Lee el diálogo en voz alta 3-5 veces
- Subraya los verbos del diálogo y escribe sus significados
- Elige hasta 5 palabras nuevas del diálogo y busca sus significados
- Traduce: order, address, portion, fries, cash, card, machine, ready
- Usa las palabras indicadas para escribir frases simples
- Repite las frases indicadas 3-5 veces e intenta escribirlas sin verlas
- Conjuga el verbo 'cobrar' en el presente, pasado y futuro
- Resume el diálogo en 2 frases. Empieza con 'El diálogo se trata de...'

ALQUILAR UN PISO

Buenos días, he visto el anuncio del piso en alquiler. ¿Sigue disponible?

Hola. Sí, todavía disponible. Ésta tarde se lo puedo mostrar.

Muchas gracias. ¿Tiene costos de agencia?

No. Yo soy el propietario y cubro los gastos del abogado para firmar el contrato de arrendamiento.

Muy bien. ¿Qué duración tendría el contrato?

Mínimo de 12 meses, con opción a renovar si ambas partes desean continuar. La fianza es de un mes.

Entendido. ¿Y las facturas a quién le corresponde pagarlas?

Los gastos de comunidad los cubro yo por ser el propietario. Las facturas de luz, agua y basura son responsabilidad del arrendatario.

Perfecto. Te veo en la tarde.

VERBO: Mostrar *to show*
'Se lo puedo mostrar' - I can show you

PALABRAS

anuncio: advert
piso: flat
propietario: landlord
abogado: lawyer
facturas: bills

FRASES

'contrato de arrendamiento'
Tenancy agreement

'La fianza es de un mes'
The deposit is one month's rent

'responsabilidad del arrendatario'
Responsibility of the tenant

PRÁCTICA

- Lee el diálogo en voz alta 3–5 veces
- Subraya los verbos del diálogo y escribe sus significados
- Elige hasta 5 palabras nuevas del diálogo y busca sus significados
- Traduce: advert, flat, available, agency, landlord, contract, months, deposit, bills, electricity
- Usa las palabras indicadas para escribir frases simples
- Repite las frases indicadas 3–5 veces e intenta escribirlas sin verlas
- Conjuga el verbo 'mostrar' en el presente, pasado y futuro
- Resume el diálogo en 2 frases. Empieza con 'El diálogo se trata de...'

INTERNET EN CASA

- **Buenas** tardes, ¿qué planes de internet en casa tenéis?

- **Buenas**. ¿Necesitas línea móvil o solo internet?

- **De** hecho línea móvil también.

- **Pues** mira, te puedo ofrecer fibra óptica en casa de 100 megas de velocidad con 20 gigas al mes en tu móvil y minutos ilimitados a nivel nacional.

- **Vale**, ¿qué costo tiene el plan?

- **Está** en oferta por este mes. Te sale en 38 Euros al mes.

- **¿Y** cuál es el mínimo del contrato?

- **Es** contrato sin permanencia. Lo que significa que cuando quieras cancelar, toca solo llamar y avisarnos.

- **¡Qué** bueno está! Vamos a hacerlo.

VERBO: **Cancelar** to cancel
'**Cuando quieras cancelar**' - When you want to cancel

PALABRAS

de hecho: in fact/actually
velocidad: speed
nivel: level
en oferta: on offer
mínimo: minimum

FRASES

'¿Necesitas línea móvil o solo internet?'
Do you need a mobile line or only internet?

'Contrato sin permanencia'
Contract without duration commitments

'Toca solo llamar y avisarnos'
You just need to call and let us know

PRÁCTICA

- Lee el diálogo en voz alta 3–5 veces
- Subraya los verbos del diálogo y escribe sus significados
- Elige hasta 5 palabras nuevas del diálogo y busca sus significados
- Traduce: mobile, speed, unlimited, on offer, minimum, level
- Usa las palabras indicadas para escribir frases simples
- Repite las frases indicadas 3–5 veces e intenta escribirlas sin verlas
- Conjuga el verbo 'cancelar' en el presente, pasado y futuro
- Resume el diálogo en 2 frases. Empieza con 'El diálogo se trata de...'

COMPRAR UN COCHE

> **¿Qué** tal? Me acabo de mudar a España y me gustaría comprar un coche.

> **Buenos** días señora. ¿Está interesada en un coche nuevo o de segunda mano?

> **Uno** de segunda mano estaría bien, pero que no sea muy viejo tampoco.

> **Pues** ya le muestro los que tenemos disponibles. ¿Conduce coches manuales o sólo automáticos?

> **Podría** ser un coche manual, pero por comodidad preferiría uno automático.

> **¿Qué** le parece este coche? Es un cinco puertas, con bajo kilometraje y a un excelente precio.

> **¿El** precio puede ser negociable?

> **Para** pagos en cuota el precio no es negociable, pero pago al contado sí.

> **Muy** bien, creo que me lo voy a llevar entonces.

PALABRAS

coche: car
kilometraje: milage
negociable: negotiable

FRASES

'**Me gustaría comprar**'
I would like to buy

'**nuevo o de segunda mano**'
New or second hand

'**Me lo voy a llevar**'
I'm going to take it

VERBO:
Conducir to drive
'**¿Conduce coches manuales?**' - Do you drive manual cars?

48

PRÁCTICA

- Lee el diálogo en voz alta 3-5 veces
- Subraya los verbos del diálogo y escribe sus significados
- Elige hasta 5 palabras nuevas del diálogo y busca sus significados
- Traduce: car, new, second hand, old, either, comfort, doors, mileage, price
- Usa las palabras indicadas para escribir frases simples
- Repite las frases indicadas 3-5 veces e intenta escribirlas sin verlas
- Conjuga el verbo 'conducir' en el presente, pasado y futuro
- Resume el diálogo en 2 frases. Empieza con 'El diálogo se trata de...'

EN EL GIMNASIO

Buenos días, ¿en qué te puedo ayudar?

Hola, quiero apuntarme al gimnasio. ¿Qué planes ofrecéis?

Pues tenemos el plan básico que te da acceso a la sala principal con las máquinas y pesas. Tenemos el plan intermedio que incluye acceso a la piscina y a dos clases por semana y tenemos el plan avanzado que ofrece clases ilimitadas y también incluye clases personales con los entrenadores.

Muy bien, ¿qué clases teneis?

Hacemos body combat, body pump y zumba todos los días y hacemos boxing, pilates y yoga tres veces por semana.

¡Mis favoritas, perfecto! Me anoto con el plan intermedio por favor.

Vale, el abono es de 45 Euros al mes.

Aquí tienes mi tarjeta de pago.

VERBO:
Apuntarse To sign up
'**Quiero apuntarme**' - I'd like to sign up

PALABRAS

maquinas: machines
pesas: weights
ilimitados: unlimited
entrenadores: trainers
abono: membership

FRASES

'**¿En qué te puedo ayudar?**'
How can I help you?

'**Tres veces por semana**'
Three times a week.
Singular of veces: una vez - use this for times per week

'**Aquí tienes**'
Here you go

PRÁCTICA

- Lee el diálogo en voz alta 3–5 veces
- Subraya los verbos del diálogo y escribe sus significados
- Elige hasta 5 palabras nuevas del diálogo y busca sus significados
- Traduce: gym, basic, main room, machines, weights, classes, swimming pool, unlimited, trainer, membership
- Usa las palabras indicadas para escribir frases simples
- Repite las frases indicadas 3–5 veces e intenta escribirlas sin verlas
- Conjuga el verbo 'apuntarse' en el presente, pasado y futuro
- Resume el diálogo en 2 frases. Empieza con 'El diálogo se trata de…'

LA ENTRENADORA

> **Hola,** soy Julia. Voy a ser tu entrenadora personal. Dime, ¿qué objetivos tienes?

> **Hola** Julia, yo soy Eva. Pues no creo que me haga falta bajar de peso, pero sí quería tonificar el cuerpo, sobre todo las piernas.

> **Muy** bien, vamos a empezar con las mancuernas entonces. Vamos a hacer cuatro series de 12 repeticiones cada una.

> **¡Uy!** Estas mancuernas están muy pesadas, ¿las puedo cambiar?

> **Claro.** Empieza con las que te sientas más cómoda y a medida que te acostumbres al peso, lo vamos aumentando.

> **Así** está mucho mejor. Después de las mancuernas, ¿qué haremos?

> **Vamos** a hacer sentadillas con la barra y algunas zancadas también. Después, si tienes fuerza todavía, hacemos peso muerto.

VERBO: Tonificar — to tone
'quería tonificar el cuerpo' - I wanted to tone my body

PALABRAS

objetivos: goals
mancuerna: dumbbells
sentadillas: squats
zancadas: lunges
peso muerto: deadlift

FRASES

'Vamos a hacer cuatro series de 12 repeticiones'
We're going to do 4 sets of 12 reps

'Empieza con las que te sientas más cómoda'
Start with the ones you feel more comfortable with

'si tienes fuerza todavía'
If you have any strength left

PRÁCTICA

- Lee el diálogo en voz alta 3-5 veces
- Subraya los verbos del diálogo y escribe sus significados
- Elige hasta 5 palabras nuevas del diálogo y busca sus significados
- Traduce: personal trainer, goals, body, legs, dumbbells, heavy, squats, bar, lunges, deadlift
- Usa las palabras indicadas para escribir frases simples
- Repite las frases indicadas 3-5 veces e intenta escribirlas sin verlas
- Conjuga el verbo 'tonificar' en el presente, pasado y futuro
- Resume el diálogo en 2 frases. Empieza con 'El diálogo se trata de...'

DE COMPRAS

Buenos días. Si necesitas ayuda no dudes en preguntarme.

Hola, ¿me podrías ayudar a encontrar un vestido para una boda?

¡Claro! ¿De qué color lo deseas?

Preferiblemente un color pastel.

Perfecto, tenemos unos modelos muy bonitos por aquí. ¿Qué talla usas?

Uso la talla M.

Muy bien, este modelo te quedará perfecto. ¿Quieres probarlo?

Sí, por favor.

Por aquí están los probadores. Si te hace falta otra talla o quieres ver otro color, por favor dime.

VERBO: **Probar** *To try*
'**Quieres probarlo?**' - Do you want to try it on?

PALABRAS

vestido: dress
boda: wedding
modelo: style/model
talla: size
probadores: fitting rooms

FRASES

'**Si necesitas ayuda, no dudes en preguntarme**'
If you need help, just ask me

'**te quedará perfecto**'
It will look perfect on you

'**Si te hace falta**'
If you need

54

PRÁCTICA

- Lee el diálogo en voz alta 3–5 veces
- Subraya los verbos del diálogo y escribe sus significados
- Elige hasta 5 palabras nuevas del diálogo y busca sus significados
- Traduce: dress, wedding, colour, style, pretty, size, fitting rooms, other
- Usa las palabras indicadas para escribir frases simples
- Repite las frases indicadas 3–5 veces e intenta escribirlas sin verlas
- Conjuga el verbo 'probar' en el presente, pasado y futuro
- Resume el diálogo en 2 frases. Empieza con 'El diálogo se trata de...'

EN EL HOSPITAL

Buenas tardes, ¿dime qué te pasó?

Buenas tardes doctora. Me tropecé en las escaleras y caí sobre mi brazo, me duele mucho y creo que me rompí algún hueso.

Vamos a ver, ¿cuándo tuvo el accidente?

Hace un par de horas. Me puse hielo y me senté por un rato, pero no se me ha pasado el dolor.

Puedo ver que la zona del antebrazo está inflamada. Vamos a hacer una radiografía para confirmar.

… (más tarde) …

Efectivamente se ha fracturado el antebrazo. Le vamos a poner un yeso.

Entendido. ¿Cuánto tiempo lo voy a tener?

Posiblemente unas 3 o 4 semanas. Le vamos a hacer seguimiento a final de mes a ver como está sanando.

Muchas gracias doctora.

VERBO:
Tropezar To trip over
'Me tropecé' - I tripped over

PALABRAS

escaleras: stairs
hielo: ice
inflamada: swollen
yeso: cast
radiografía: scan

FRASES

'creo que me rompí algún hueso'
I think I've broken a bone

'No se me ha pasado el dolor'
The pain hasn't gone away

'Efectivamente se ha fracturado el antebrazo'
You've indeed fractured your forearm

PRÁCTICA

- Lee el diálogo en voz alta 3-5 veces
- Subraya los verbos del diálogo y escribe sus significados
- Elige hasta 5 palabras nuevas del diálogo y busca sus significados
- Traduce: stairs, arm, bone, accident, pain, swollen, scan, cast, weeks, follow-up
- Usa las palabras indicadas para escribir frases simples
- Repite las frases indicadas 3-5 veces e intenta escribirlas sin verlas
- Conjuga el verbo 'tropezar' en el presente, pasado y futuro
- Resume el diálogo en 2 frases. Empieza con 'El diálogo se trata de...'

EN LA FARMACIA

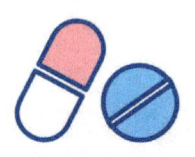

Hola, buenos días. ¿Tenéis pastillas para el dolor de cabeza?

Sí, por supuesto. Tenemos varias opciones. ¿Buscas algo en particular?

No, nada en particular. ¿Qué me recomiendas?

Ibuprofeno, acetaminofén y aspirina son todos buenos analgésicos para el dolor de cabeza, pero el ibuprofeno también tiene propiedades antiinflamatorias.

Ah, entiendo. En ese caso, prefiero el ibuprofeno.

Perfecto. ¿Necesitas algo más?

Ya que estoy aquí, unas vitaminas C no me vendrían mal. Me ayudan con el sistema inmunológico.

El cambio de clima repentino nos tiene a todos un poco enfermos. Aquí lo tienes.

VERBO: <u>Recomendar</u> *To recommend*
'¿Qué me recomiendas?' - What do you recommend?

PALABRAS

pastillas: tablets
por supuesto: of course
aspirina: aspirin
acetaminofén: paracetamol in the UK

FRASES

'¿Buscas algo en particular?'
Are you looking for anything in particular?

'Ya que estoy aquí'
Since I'm already here

'El cambio de clima repentino'
The sudden change of weather

PRÁCTICA

- Lee el diálogo en voz alta 3–5 veces
- Subraya los verbos del diálogo y escribe sus significados
- Elige hasta 5 palabras nuevas del diálogo y busca sus significados
- Traduce: tablets, headache, of course, options, anything in particular, vitamins, change, ill
- Usa las palabras indicadas para escribir frases simples
- Repite las frases indicadas 3–5 veces e intenta escribirlas sin verlas
- Conjuga el verbo 'recomendar' en el presente, pasado y futuro
- Resume el diálogo en 2 frases. Empieza con 'El diálogo se trata de...'

EN CORREOS

- ¿**Quién** sigue? Pase por la taquilla 4 por favor.
- **Buenos** días, tengo que recoger un paquete por favor.
- **Claro** que sí, dime el número de seguimiento.
- **Aquí** lo tienes, llegó a la oficina de correos esta mañana.
- **Muy** bien, aquí tienes el paquete. ¿Algo más en lo que te pueda ayudar?
- **Tengo** que enviar esta carta también.
- ¿**La** quieres enviar como carta ordinaria o carta certificada?
- **Tiene** documentos importantes, como carta certificada por favor.
- **Pues** ya lo tienes. Este es tu nuevo número de seguimiento.
- **Muchas** gracias, adiós.

VERBO: **Recoger** To pick up/collect
'**Tengo que recoger un paquete**' - I need to pick up a parcel

PALABRAS

Correos: The state owned postal company in Spain
taquilla: ticket office/desk
paquete: package/parcel
carta: letter

FRASES

'¿Quién sigue?'
Who's next?

'carta ordinaria o carta certificada'
Ordinary letter or registered

'Este es tu nuevo número de seguimiento'
This is your new tracking number

PRÁCTICA

- Lee el diálogo en voz alta 3–5 veces
- Subraya los verbos del diálogo y escribe sus significados
- Elige hasta 5 palabras nuevas del diálogo y busca sus significados
- Traduce: ticket desk, parcel, tracking number, morning, letter, new
- Usa las palabras indicadas para escribir frases simples
- Repite las frases indicadas 3–5 veces e intenta escribirlas sin verlas
- Conjuga el verbo 'recoger' en el presente, pasado y futuro
- Resume el diálogo en 2 frases. Empieza con 'El diálogo se trata de...'

61

EN EL CINE

- **Hola,** ¿qué películas tenéis para esta noche?

- **Todas** las películas del día están en la cartelera, detrás mío.

- **Perfecto.** Me gustaría ver la nueva película de Marvel.

- **Muy** bien, tenemos una función a las 7:00 pm y otra a las 9:00 pm. ¿Cuál prefieres?

- **Prefiero** la función de las 7:00 pm. Me gustaría comprar dos boletos por favor.

- **Aquí** tienes tus boletos. La función será en la sala 5.

- **Muchas** gracias. ¿Las palomitas y los refrescos dónde los puedo comprar?

- **La** dulcería te queda al final del pasillo, antes de las salas.

VERBO: <u>Comprar</u> *To buy*
'**¿dónde los puedo comprar**' - Where can I buy them?

PALABRAS

cine: cinema
película: film
cartelera: showing times
palomitas: popcorn
refrescos: soft drinks

FRASES

'**¿Cuál prefieres?**'
Which do you prefer?

'**La función será en la sala 5**'
The showing will be in room 5

'**La dulcería te queda al final del pasillo**'
The sweet shop is at the end of the corridor

PRÁCTICA

- Lee el diálogo en voz alta 3–5 veces
- Subraya los verbos del diálogo y escribe sus significados
- Elige hasta 5 palabras nuevas del diálogo y busca sus significados
- Traduce: films, tonight, behind, showing, popcorn, soft drinks, corridor, before
- Usa las palabras indicadas para escribir frases simples
- Repite las frases indicadas 3–5 veces e intenta escribirlas sin verlas
- Conjuga el verbo 'comprar' en el presente, pasado y futuro
- Resume el diálogo en 2 frases. Empieza con 'El diálogo se trata de…'

63

VISITA A MADRID

Buenos días. ¿Estás buscando un recorrido turístico por Madrid?

Sí, estoy interesada en hacer un recorrido por los lugares más importantes de Madrid.

Perfecto, tengo una excursión de medio día que podría interesarte. Incluye una visita al Palacio Real, la Plaza Mayor, el Museo del Prado y la Puerta del Sol.

¡Eso suena genial! ¿Cuál es el precio?

El precio es de 50 euros por persona e incluye la entrada a todos los lugares mencionados y un guía turístico en español.

De acuerdo, me parece bien. ¿Dónde nos encontramos?

Nos encontraremos en la entrada del Palacio Real a las 10:00 am. Me verás fácilmente porque estaré sosteniendo un cartel con el nombre de nuestra agencia turística.

PALABRAS

recorrido: tour
lugares: places
excursión: trip
guía turistico: tour guide
cartel: sign

FRASES

'¡Eso suena genial!'
That sounds great

'50 euros por persona'
50 euros per person, use "por" to mean per

'Me verás fácilmente'
You'll see me easily

VERBO:

Encontrarse To meet up
'¿Dónde nos encontramos?' -Where are we meeting up?

PRÁCTICA

- Lee el diálogo en voz alta 3–5 veces
- Subraya los verbos del diálogo y escribe sus significados
- Elige hasta 5 palabras nuevas del diálogo y busca sus significados
- Traduce: places, trip, half day, visit, museum, great, entry, sign, name, agency
- Usa las palabras indicadas para escribir frases simples
- Repite las frases indicadas 3–5 veces e intenta escribirlas sin verlas
- Conjuga el verbo 'encontrarse' en el presente, pasado y futuro
- Resume el diálogo en 2 frases. Empieza con 'El diálogo se trata de...'

EN EL HOTEL

Hola, quisiera hacer una reserva para dos personas, por favor.

Claro, ¿para cuándo sería y por cuántas noches?

Para el próximo fin de semana y por dos noches: sábado y domingo.

Entendido, tenemos disponibilidad en nuestro hotel en el centro de la ciudad.

Excelente, ¿cuál es el precio por noche?

El precio por noche es de 100 euros más impuestos. Incluye desayuno continental.

Muy bien, reservaremos en su hotel. ¡Gracias!

PALABRAS

claro: of course
disponibilidad: availability
impuestos: taxes

FRASES

'Hacer una reserva'
To make a reservation

'¿para cuándo sería y por cuántas noches?'
When would it be for and for how many nights?

'El precio por noche'
Price per night

VERBO:

Incluir To include
'Incluye desayuno continental' - It includes a continental breakfast

PRÁCTICA

- Lee el diálogo en voz alta 3-5 veces
- Subraya los verbos del diálogo y escribe sus significados
- Elige hasta 5 palabras nuevas del diálogo y busca sus significados
- Traduce: reservation, people, nights, weekend, centre, city, taxes, breakfast
- Usa las palabras indicadas para escribir frases simples
- Repite las frases indicadas 3-5 veces e intenta escribirlas sin verlas
- Conjuga el verbo 'incluir' en el presente, pasado y futuro
- Resume el diálogo en 2 frases. Empieza con 'El diálogo se trata de...'

VIAJE EN METRO

METRO

- **Hola** un pasaje sencillo por favor.
- **Aquí** lo tienes, son 2 Euros.
- **¿Puedo** comprar varios sencillos para el resto de la semana o los tengo que usar el mismo día?
- **Si** vas a usar el metro todos los días, te conviene el abono semanal. Te cuesta 20 Euros y puedes viajar cuantas veces quieras, tanto en el metro como en los buses.
- **¡Pues** me vendría genial!
- **Dame** el pasaje sencillo que te lo cambio por uno semanal.
- **Muy** amable, ¡muchas gracias!
- **No** pasa nada, que tengas un bonito día.

VERBO: **Cambiar** *To change*
'**Te lo cambio**' - I'll change it for you

PALABRAS
pasaje: ticket
sencillo: single (ticket)
semanal: weekly (ticket)

FRASES

'**te conviene el abono semanal**'
The weekly pass will be better for you

'**puedes viajar cuantas veces quieras**'
You can travel as many times as you want

'**No pasa nada**'
No problem

PRÁCTICA

- Lee el diálogo en voz alta 3–5 veces
- Subraya los verbos del diálogo y escribe sus significados
- Elige hasta 5 palabras nuevas del diálogo y busca sus significados
- Traduce: single ticket, change, various, same, weekly ticket
- Usa las palabras indicadas para escribir frases simples
- Repite las frases indicadas 3–5 veces e intenta escribirlas sin verlas
- Conjuga el verbo 'cambiar' en el presente, pasado y futuro
- Resume el diálogo en 2 frases. Empieza con 'El diálogo se trata de…'

PEDIR DIRECCIONES

Disculpa ¿dónde queda la estación de metro?

Hola tienes dos estaciones cerca, una en la calle San Martín y la otra en la plaza central. ¿A dónde deseas llegar?

Quería visitar el museo nacional antes de mi vuelo de regreso.

Para el museo te conviene tomar la línea de metro azul, en la plaza central.

Entendido, y ¿podrías decirme cómo llegar al aeropuerto desde allí?

Claro. Una vez termines tu visita en el museo toma el metro en la misma estación. Esta vez la línea amarilla te llevará al aeropuerto.

Vale, muchas gracias por las direcciones.

No hay problema, adiós.

PALABRAS

disculpa: excuse me
vuelo de regreso: return flight

FRASES

'¿podrías decirme...?'
Could you tell me...?

'Una vez termines tu visita'
Once you've finished your visit

'gracias por las direcciones'
Thank you for the directions

VERBO: **Desear** To wish/desire/want
'¿A dónde deseas llegar?' - Where do you want to arrive?

PRÁCTICA

- Lee el diálogo en voz alta 3-5 veces
- Subraya los verbos del diálogo y escribe sus significados
- Elige hasta 5 palabras nuevas del diálogo y busca sus significados
- Traduce: metro station, near, road, return flight, blue line, central square, same
- Usa las palabras indicadas para escribir frases simples
- Repite las frases indicadas 3-5 veces e intenta escribirlas sin verlas
- Conjuga el verbo 'desear' en el presente, pasado y futuro
- Resume el diálogo en 2 frases. Empieza con 'El diálogo se trata de...'

EN EL AEROPUERTO

- **Hola.** Quisiera facturar mi equipaje por favor.
- **Buenos** días. No hay problema, ¿es sólo la maleta o la mochila también?
- **Sólo** la maleta, la mochila me la quedo como equipaje de mano. ¿Cuál es la puerta de embarque del vuelo?
- **Su** vuelo sale desde la puerta 12. Tiene que ir hacia la derecha y bajar las escaleras.
- **¿Hay** algún retraso con el vuelo?
- **No,** su vuelo está a tiempo. Le recomiendo que se dirija a la puerta de embarque 30 minutos antes de la hora de salida.
- **Muchas** gracias.
- **¡Qué** tenga un buen viaje!

PALABRAS

- **equipaje**: luggage
- **maleta**: suitcase
- **mochila**: backpack
- **puerta de embarque**: boarding gate
- **vuelo**: flight
- **retraso**: delay

FRASES

'Quisiera facturar mi equipaje'
I'd like to check in my luggage

'Bajar las escaleras'
Go down the stairs

'¡Qué tenga un buen viaje!'
Have a good journey

VERBO: **Salir** To leave/exit/go out
'Su vuelo sale desde la puerta 12' - Your flight leaves from gate 12

PRÁCTICA

- Lee el diálogo en voz alta 3-5 veces
- Subraya los verbos del diálogo y escribe sus significados
- Elige hasta 5 palabras nuevas del diálogo y busca sus significados
- Traduce: luggage, suitcase, backpack, hand luggage, boarding gate, flight, right, delay, on time
- Usa las palabras indicadas para escribir frases simples
- Repite las frases indicadas 3-5 veces e intenta escribirlas sin verlas
- Conjuga el verbo 'salir' en el presente, pasado y futuro
- Resume el diálogo en 2 frases. Empieza con 'El diálogo se trata de...'

AUTHOR & ILLUSTRATOR

Madeleine is a lifelong linguist, a qualified languages teacher and a self-taught illustrator. She has combined her passions and expertise into creating foreign language learning books in Spanish, French and Italian for children and adults.

@languageswithmaddy

www.languageswithmaddy.com

Printed in Great Britain
by Amazon